AF452928

PARIS
ET
HELENE

TRAGEDIE EN MUSIQUE,

REPRESENTÉE CHEZ

MONSIEUR
DE MONTGERON

INTENDANT DE BERRY,

Au mois de Janvier 1708.

A BOURGES,

De l'Imprimerie de FRANÇOIS TOUBEAU
Imprimeur ordinaire du Roy.

ACTEURS DU PROLOGUE.

VENUS.

LA DISCORDE.

TROUPE d'Amours, de Plaisirs, & de Jeux.

PEUPLES

TROUPE de Bergers.

TROUPE de Nymphes & de Bergeres.

DEUX VIEILLARDS.

PROLOGUE.

Le Theatre represente des Jardins agreables, & dans la Perspective, la Ville de Bourges.

SCENE PREMIERE.

LA DISCORDE Seule.

VAINS & fiers Ennemis du plus grand Roy
du monde,
Ne pourez-vous jamais seconder ma fureur,
Votre dernier effort avoit flatté mon cœur :
Je vous voyois armez sur la terre & sur l'onde ;
Vous répandiez déja l'horreur
Dans les lieux reculez de cet heureux Empire ;
Mais vous laissez enfin éteindre cette ardeur,
Que la Discorde vous inspire ;
J'appelle en vain votre valeur,

Vains & fiers Ennemis du plus grand Roy du monde,
Ne pourrez - vous jamais seconder ma fureur.

Je n'attends plus que votre soin reponde
Au desir qu'on me voit de troubler son bonheur :
Vos projets inutils loing d'affoiblir sa gloire,
Ont gravé ses Exploits au Temple de memoire :
Je viens plaindre icy mon malheur,
Et cacher ma douleur profonde.

Vains & fiers Ennemis du plus grand Roy du monde,
Vous ne pourez jamais seconder ma fureur.

Mais le peuple s'avance.
Quel spectacle brillant vient s'offrir à mes yeux ?
Et qui peut assembler tant de magnificence
Aujourd'huy dans ces lieux.

SCENE II.

LA DISCORDE, PEUPLES, TROUPE DE NYMPHES ET DE BERGERS.

UN BERGER.

UNISSEZ-VOUS Troupe charmante,
Venez Nymphes de ce sejour,
Venez celebrer ce grand jour ;
Que chacun chante
Avec nous les Exploits
Du plus parfait de tous les Rois.

CHOEUR DU PEUPLE ET DES BERGERS.

Uniffez-vous Troupe charmante,
Venez Nymphes de ce jour,
Venez celebrer ce grand jour :
Que chacun chante,
Avec nous les Exploits
Du plus parfait de tous les Rois.

LA DISCORDE.

Oh Dieux quelle cruelle rage,

Ces Chants excitent dans mon cœur ?

Faut - il fouffrir que l'on m'outrage ?

Ne m'eſt - il point permis de troubler ce bonheur?

Interrompons cette importune Feſte,

Q ı'avec tant de foins on aprête.

Peuples ceffez vos plaifirs & vos jeux,

La Difcorde eſt icy , qu'ofez - vous entreprendre?

CHŒUR DU PEUPLE, DES BERGERS,

ET DES NYMPHES.

Dieux! juſtes Dieux! ah que les ordres affreux.

On entent une douce harmonie.

LA DISCORDE.

Quels fons charmans fe font entendre ,

Et quel éclat vient me furprendre ,

C'eſt la Déeffe des Amours ,

Me pourfuivra - t'elle toujours?

SCENE III.

VENUS, LA DISCORDE, PEUPLES, TROUPE DE BERGERS, DE NYMPHES, ET DE BERGERES.

VENUS.

Rassurez-vous Peuples par ma presence,
Ne craignez plus l'impuissante vengeance
De la Discorde dans ce jour :
Commencez vos jeux agreables,
Les Dieux vous seront favorables.

CHOEUR.

Commençons, commençons nos jeux agreables,
Les Dieux nous seront favorables.

VENUS.

Discorde reconnois le pouvoir de l'Amour ;
Un Prince dont l'Europe attendoit la naissance,
Va bientôt rapeller la Paix dans l'univers :
Tu te flattois d'une vaine esperance ;
Mais ce Heros naissant va te donner des fers,

LA DISCORDE.

Je vois tomber ma fatale puiſſance :
LOUIS Vainqueur de cent Peuples divers,
De tous ſes Ennemis va devenir le maître ;
Et le Heros que l'Eſpagne a veû naître,
Sçaura calmer la Terre & l'Empire des Mers :
Mais lorſque ce ſuccez, helas ! me deſeſpere,
Ne m'eſt-il point permis d'en marquer ma colere.

VENUS.

Ce n'eſt point en ces lieux qu'elle doit éclater.

LA DISCORDE.

Quoy n'eſt-il point de ſejour dans le monde,
Où je puiſſe enfin m'arrêter ?

VENUS.

Il n'en eſt point pour toy que la grotte profonde,
Où le Heros fameux, dont tu crains le pouvoir,
Va bientôt te charger de chaînes.

LA DISCORDE.

N'augmente point mon deſeſpoir.

En

(9)

En m'annonçant de fi cruelles peines :
Ay - je pû meriter ton funefte couroux ;
Je t'ay fait autrefois un prefent affez doux,
Dont tu devrois garder à jamais la memoire.

VENUS.

Oze - tu rapeller un forfait odieux ;
La Pomme d'or étoit le prix d'une victoire,
Que tu voulois qui coutât cher aux Dieux ;
Je ne la dois qu'à la juftice
D'un Prince dont je veux me fouvenir toujours :
Pour le marquer , qu'icy ma Cour fe reüniffe.
Venez plaifirs , venez amours ,
Transformez - vous pour mettre fur la Scene
Les feux de Pâris & d'Helene.
Joignez ce fpectacle charmant ,
Aux Jeux d'une Fefte fi belle.

LA DISCORDE.

Ton fpectacle m'infpire une fureur nouvelle :

B

J'abandonne ces lieux, où tu crois vainement

Me caufer aujourd'huy le plus cruel tourment.

VENUS.

La valeur d'un Heros, que l'univers admire,

A banni pour jamais

La Difcorde de cet Empire,

L'amour dans ces beaux lieux va ramener la Paix.

CHOEUR.

La valeur d'un Heros , que l'univers admire ,

A banni pour jamais

La Difcorde de cet Empire ,

L'amour dans ces beaux lieux va ramener la Paix.

VENUS.

Beautez cruelles

En vain vous voulez refifter ,

Mon fils va vous porter

Des atteintes nouvelles ;

Il ne veut pas

Que vos appas

Caufent des peines

Dans ce beau jour;

Et que fes chaînes

Troublent les Cœurs de ce fejour;

Ceffez de vous deffendre;

Et quand vous donnez de l'amour,

Songez qu'il en faut prendre

A votre tour.

UNE NYMPHE.

Un jeune cœur connoift trop ta puiffance,

Amour, il fçait qu'il doit aimer;

Tu l'as fouvent fçu defarmer,

Lorfque tu crois qu'il te fait refiftance,

Si des foins d'un aimable Amant,

Il feint de fe deffendre,

C'eft qu'il doute de fon tourment,

Et qu'il defire de le rendre

Le plus fidel & le plus tendre.

Amour rends les Amans conſtans,

Ils ne ſouffriront pas long temps.

DEUX VIEILLARDS.

Les plaiſirs ſont de tous les âges

Dans un jour ſi charmant,

Et les plus ſages

Ont de l'empreſſement

De faire voir leur alegreſſe;

Mais la vieilleſſe

Pour ſe joindre aux plaiſirs

De la jeuneſſe,

N'a pas aſſez de ſes deſirs,

Amour, s'il ſe peut faire

Que ton flambeau

Encore une fois nous éclaire,

Et que ce feu nouveau

Aux belles puiſſe plaire,

De nos vieux ans facilement

On connoîtra les avantages,

Et que dans un jour si charmant

Les plaisirs sont de tous les âges.

C H OE V R.

La valeur d'un Heros que l'univers admire,

A banni pour jamais

La Discorde de cet Empire,

L'amour dans ces beaux lieux va ramener la Paix.

FIN DU PROLOGUE.

ACTEURS.

MENELAS, Roy de Lacedemone.

PARIS, Fils du Roy Priam.

HELENE, Princesse promise à Menelas.

ENONE, Nymphe amante de Pâris.

CEPHISE, Confidente d'Enone.

DORIS, Confidente d'Helene.

ARCAS Lacedemonien.

VENUS.

LA GRANDE PRETRESSE DE VENUS.

TROUPE DE TROYENS.

TROUPE DE PRETRESSES DE VENUS.

PEUPLES DE SPARTE.

La Scene est à Sparte.

PARIS ET HELENE.

ACTE PREMIER.

Le Theatre reprefente le Palais d'Helene.

SCENE PREMIERE.

ENONE, CEPHISE,

ENONE.

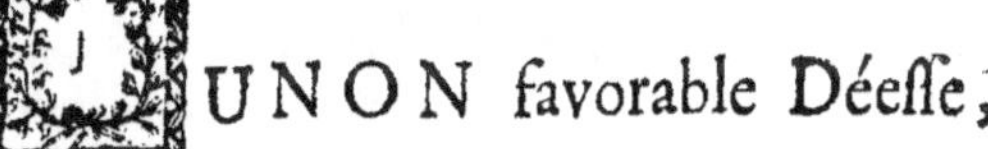

JUNON favorable Déeffe,
Vous m'avez flaté vainement
De me rendre le cœur d'un infidel amant
Que pouvez-vous quand l'amour s'intereffe
Au fuccez de fon changement?

L'efpoir de rapeller en ces lieux fa tendreffe,

Par vos confeils m'a fait fuivre fes pas;

Il brûle pour d'autres apas,

Dont l'éclat a banni toute mon efperance,

Vous ne pouvez pour moy ranimer fon ardeur ;

N'employez plus votre puiffance,

Qu'à chaffer pour jamais cet ingrat de mon cœur.

Junon favorable Déeffe,

Vous m'avez flatté vainement

De me rendre le cœur d'un infidel amant,

Que pouvez-vous quand l'amour s'intereffe,

Au fuccez de fon changement.

C E P H I S E.

L'himen va finir votre peine,

A Menelas il doit unir Helene

Avant la fin du jour ;

Et malgré Venus & l'amour

Pàris ne peut éviter la vangeance

De la

De la Déeſſe qu'il offenſe.

Prez d'Helene ſes ſoins vont être ſuperflus,

Junon doit empêcher qu'il n'ait la recompenſe

De la fatale préference

Qu'il oſa donner à Venus.

ENONE.

En vain à Menelas Helene eſt deſtinée,

Je ne puis me flatter de voir leur himenée,

Pâris eſt un Prince charmant,

Helene a le cœur tendre,

Helas ! peut-elle ſe deffendre

D'une ardeur qui ſurprit mon cœur ſi vivement.

CEPHISE.

Les veux d'un infidel amant

Ne ſont pas favorables,

L'exemple de ſon changement

Fait negliger des feux ſi peu durables :

Pâris verra que ſon tourment .

Ne rendra pas nos beautés fecourables,

Et que prez d'un objet charmant,

Les veux d'un infidel amant

Ne font pas favorables.

ENONE.

On fe flatte toujours de pouvoir arrêter

Le cœur d'un inconftant aimable ;

Ce n'eft pas luy que l'on trouve coupable

D'un changement que l'on doit redouter ;

Et malgré le fort deplorable

De celle qu'on l'a veû quitter,

On fe flatte toujours de pouvoir arrêter

Le cœur d'un inconftant aimable.

ENONE & CEPHISE ensemble.

Si l'amour ne veut pas punir

Les amans infideles,

Il doit en effacer au moins le fouvenir ;

Il nous laiffe fouvent des bleffures mortelles

Qui nous font trop souffrir,

Et dont le temps ne peut pas nous guerir.

ENONE.

Mais Helene en ces lieux s'avance ;

Je dois luy cacher mes ennuis ;

Eloignons-nous, dans le trouble où je suis

Je ne pourois soutenir sa presence.

SCENE II.

HELENE, DORIS.

DORIS.

L'HYMEN vous unit en ce jour

Avec un grand Roy qui vous aime,

Et quand chacun à votre Cour

En marque une allegresse extreme,

Qui peut vous causer en ces lieux

Cette sombre tristesse,

Que je decouvre dans vos yeux.

HELENE.

Helas!

DORIS.

Vous soûpirez ?

HELENE.

Mon silence te blesse ;

Mais malgré l'amitié qui pour moy t'interesse,

Doris tu ne dois point chercher

La cause de mon trouble extreme ;

Il m'est permis de te cacher

Ce que mon cœur voudroit se cacher à luy - même.

DORIS.

Je vous entends, & je ne puis douter

Que ce ne soit l'amour qui trouble ainsi votre ame ;

Mais vous devez aujourd'huy redouter

L'éclat d'une nouvelle flamme.

HELENE.

Tu veux malgré moy découvrir

Un feu, dont j'esperois cacher la violence.

Ah! puifque tu ne peux, Doris, me fecourir,

Pourquoy m'ôte-tu l'efperance,

Dont fe flattoit mon trop fenfible cœur :

DORIS.

Un cœur trop tendre

Decouvre aifement fon ardeur ;

C'eft en vain qu'il veut entreprendre

De nous tromper par fa feinte rigueur ;

Les yeux, les foupirs, la langueur,

Laiffent toujours furprendre

Un cœur trop tendre.

HELENE.

Mon cœur depuis deux jours feulement eft épris,

Dois-tu luy reprocher un excez de tendreffe ;

Et fi Pâris ne l'avoit point furpris,

Pourois-tu m'accufer aujourd'huy de foibleffe :

J'aime Pâris, je le confeffe ;

Mais je mourray plutôt que de luy laiffer voir

Le feu qui pour luy m'intereſſe.

Tu me verras fidelle à mon devoir,
Immoler mon amour à l'Epoux qu'on me donne.

DORIS.

Une premiere amour a de charmans apas,
Mais la gloire ne permet pas
Qu'ils l'emportent jamais ſur ceux d'une Couronne.

HELENE.

Pourquoy ne ſuivre pas à l'exemple des Dieux
Les doux tranſports de notre amour ſans crainte,
Pour les mortels ils bruſlent ſans contrainte,
Et l'on les voit ſouvent quitter les Cieux ;
En vain ils veulent nous aprendre
Que la gloire entre nous doit ceder à nos feux ;
Un fier devoir arrête un cœur trop tendre,
Et nous voulons être plus ſages qu'eux.

HELENE & DORIS enſemble.

Severe honneur, devoir impitoyable,

Dont les mortels font toujours agités ;

Ce font les Dieux qui vous ont inventés,

Pour rendre icy notre fort déplorable ;

De nos plaifirs ils ont été jaloux,

Et nous étions plus heureux qu'eux fans vous.

D O R I S.

Mais je vois que chacun s'aprête

Pour l'agreable Fête,

Que les Troyens vont offrir à vos yeux.

H E L E N E.

Que je crains d'y trouver encor de nouveaux charmes,

Et que Pâris qui s'avance en ces lieux,

Redouble mes alarmes.

SCENE III.

HELENE, PARIS, DORIS,
TROUPE DE TROYENS,
CHOEUR DES TROYENS.

C'EST par vos yeux, Princesse, que l'amour

Veut faire sentir sa puissance,

L'éclat de vos beautés appelle à votre Cour

Les cœurs qui luy font resistance,

Et vous les punissez de leur indifference.

UN TROYEN.

Vous soûmetez à vos Loix tous les cœurs ;

Mais quoyque sans espoir on soit sous votre empire,

On ne se plaint jamais de vos rigueurs,

Et chacun cherit son martire.

DEUX TROYENS.

Ce n'est pas le plus amoureux

Qu'on voit soûpirer & se plaindre,

Et

Et l'amant qui fait fe contraindre,

N'eft pas le moins dangereux,

UNE TROYENE.

Un fier devoir s'oppofe vainement

Aux feux que l'amour nous infpire,

Deux cœurs épris, s'entendent fans rien dire,

Avant qu'on fache leur tourment,

Ils fe font dit trop vivement:

Pourquoy fouffrir un fi cruel martire;

Un fier devoir s'oppofe vainement

Aux feux que l'amour nous infpire.

CHOEUR.

Venus l'emporte dans les Cieux

Sur les Déeffes les plus belles.

Les beautés d'Helene en ces lieux

Triomphent des appas de toutes les mortelles.

D

SCENE IV.

PARIS, HELENE.

PARIS.

PRINCESSE que dois-je penser
Des soins que nos Troyens prennent tous pour vous plaire :
Vos regards semblent m'annoncer,
Que leur zele importun ne peut vous satisfaire.

HELENE.

Je vois avec plaisir un hommage éclatant,
Qu'ils me rendent à chaque instant.
Pâris votre soupçon m'offence ;
Et si mes yeux se font mal exprimez,
Il faut leur pardonner leur peu d'experience ;
Ils ne font pas accoûtumez
A bien marquer ce que je pense.

PARIS.

Ils m'ont paru ces yeux charmans

Moins rigoureux, & moins impitoyables ;

Quand j'aborday ces lieux aimables,

Mes foins & mes empreffemens

M'ont - ils rendu coupable ;

Et ne verray - je plus cet acceüil favorable,

Qui me laiffoit l'efpoir d'un fort moins malheureux.

HELENE.

Lorfque le Fils du Roy fameux

De l'Empire de Troye,

Vient honorer ces lieux,

Chacun doit en marquer fa joye ;

La mienne a deû paroître dans mes yeux ;

Dans leur langage ont - ils pû fe méprendre ?

Et vous auroient - ils fait entendre,

Ce que mon cœur ne leur a point appris ?

Ah ! ne les croyez pas, Pâris, ils m'ont furpris.

PARIS.

C'eft moy, c'eft moy, qui dois m'en plaindre ;

Ils ont allumé dans mon cœur

Des feux que je ne puis éteindre.

Ah ! falloit - il augmenter mon ardeur,

En me flattant de l'esperance

Du plus aimable sort ;

Si c'est pour me punir d'un feu qui vous offence,

Je vous vangeray mieux cruelle par ma mort.

HELENE.

En vain votre cœur s'abandonne

Aux mortels deplaisirs d'un malheureux amour ;

L'hymen m'unit avant la fin du jour

Au grand Roy de Lacedemone ;

C'est à son sort que je dois m'attacher :

Vous l'avez sçû ; pourquoy venir chercher

Ce qui pouvoit troubler votre ame ;

Et devez - vous me reprocher

D'avoir flatté cette fatale flamme.

PARIS.

C'est sur nos bords, helas !

Que l'amour m'a surpris, en voyant votre image
    Brûlé des feux ardans qu'alument vos appas ;
Je me voyois mourir dans un triste esclavage ;
J'ay crû que prez de vous si je portois mes pas,
Vous pouriez soulager le mal qui me possede ;
        Et c'est dans ce fatal remede,
        Que je trouve enfin le trepas.

HELENE.

Si la raison ne peut calmer la peine
    Que vos feux vous font en ce jour,
C'est l'ouvrage du temps, il sçait vaincre l'amour.

PARIS.

Quel secours m'offrez - vous, beauté trop inhumaine?
Ah! n'est - ce point assez de causer mon tourment,
Insultez - vous encore un malhûreux amant?

HELENE.

Cessons un entretien enfin qui vous offense,
    Donnez un libre cours à vos feux irritez,
        Je les gesne par ma presence.

PARIS.

Helene, oh Dieux vous me quittez?
Arrêtez cruelle, arrêtez:
Puifque vous le voulez, je mouray fans me plaindre;
Ne m'ôtez pas au moins le plaifir de vous voir;
Vous n'avez pas encor long temps à vous contraindre,
J'expireray bientôt dans un tel defefpoir.
Mais, Dieux! elle me fuit, & je ne la puis fuivre;
Dans ce mortel chagrin, helas! je ne puis vivre.

SCENE V. & derniere.

PARIS feul.

O toy qui me flatois du fecours de l'amour,
Venus trop injufte Déeffe,
Eft-ce ainfi que mon fort t'intereffe?
Et pour t'avoir fervy, faut-il perdre le jour?

J'abandonne une Nimphe aimable,
Que j'ay reduite au defefpoir;

Et quand auprez de l'objet adorable ,

Que tes foins m'ont fait voir ,

Je crois trouver un deftin favorable,

Je me fens accablé des plus cruels mepris ;

Si dans mon jugement tes faveurs m'ont furpris ,

Je dois payer cette injuftice :

Mais , Dieux ! fi ta beauté devoit avoir le prix ,

Pourquoy faut - il qu'on me puniffe ?

O toy qui me flatois du fecours de l'amour ,

Venus trop injufte Déeffe ,

Eft - ce ainfi que mon fort t'intereffe ?

Et pour t'avoir fervy , faut - il perdre le jour ?

FIN DU PREMIER ACTE.

ACTE SECOND.

Le Theatre reprefente le Temple de Venus.

SCENE PREMIERE.

ENONE feule.

GRANDS Dieux qui puniffez fi fouvent l'injuftice,
Pour celle de Pâris n'eft - il point de fupplice?

Junon fe declaroit pour moy,
J'atendois tout de fa puiffance :
Par quel charme Pâris qui me manque de foy,
Peut - il arrêter fa vengeance?
Et ranger à fes yeux Helene fous fa loy.

Grands Dieux qui puniffez fi fouvent l'injuftice,
Pour celle de Pâris n'eft - il point de fupplice?

Divinité

Divinité qu'on revere en ces lieux,

Venus qui protegez cet amant infidele,

Verrez - vous fans horreur fa trahifon cruelle ?

Voulez - vous foûtenir un parjure odieux ?

Lorfque l'amour vous rend fenfible,

Vous ne pouvez fouffrir une infidelité,

Ah ! croyez - vous qu'il foit poffible,

Qu'une mortelle ait plus de fermeté ?

Grands Dieux qui puniffez fi fouvent l'injuftice,

Pour celle de Pâris n'eft - il point de fupplice ?

Mais Dieux ! il porte icy fes pas ;

En le voyant, helas !

Ma colere s'éteint, & mon ardeur redouble.

SCENE II.

PARIS, ENONE.

ENONE.

DANS ce Temple Pâris vous ne me cherchiez pas,

Ma prefence vous trouble,

Et vous ne me pouvez cacher votre embaras.

PARIS.

Serez - vous toujours inquiette?

Je cherche autant que je le puis

A vous épargner des ennuis,

Mes soins ne pourront - ils vous rendre satisfaite?

ENONE.

Le puis - je être cruel? quand je perds en ces lieux

Votre cœur & votre tendresse.

PARIS.

Un desir curieux

De visiter la Grece,

M'arrête seul en ce sejour.

ENONE.

C'est vainement que tu veux feindre

Ingrat, je connois ton amour;

Tu sens que j'ay lieu de m'en plaindre,

Et qu'on doit te le reprocher,

Puifque tu prends des foins pour le cacher.

PARIS.

Les devoirs que je rends à la Princeffe Helene,

Ont excité votre jaloufe humeur;

L'hymen va vous vanger d'un cœur,

Que vous foupçonnez qu'elle enchaîne.

ENONE.

Que me fert-il? helas! de me vanger,

Si je ne puis rappeller ta tendreffe;

Je verray fans plaifir l'hymen de la Princeffe,

Si ton cœur de fes fers ne peut fe dégager.

PARIS.

Si mon cœur eft charmé d'Helene,

Eft-ce votre fureur qui peut m'en détacher?

ENONE.

Quel pretexte ofe-tu chercher?

Pour ne pas brifer une chaîne,

Qui me reduit au defefpoir:

Helas ! j'ay fouffert fans me plaindre ;

J'ay feint même de ne pas voir

Un feu que je coyois éteindre :

J'ay redoublé ces foins & ces empreffemens,

Que tu trouvois autrefois fi charmans ;

J'ay tout employé pour te plaire :

Si j'efperois le retour de ton cœur,

Sans murmurer je verrois mon malheur ;

Et je fçaurois encor me taire,

Quand je devrois en mourir de douleur.

PARIS.

Vous n'avez pas encor long temps à vous contraindre,

Avant la fin du jour le plus heureux des Rois

Va poffeder l'objet dont vous pouvez vous plaindre ;

Mil amans malheureux qui vivent fous fes loix,

Seront forcez d'éteindre

Les feux qu'ils luy font voir,

Ou de mourir de defefpoir.

ENONE.

Va donc souffrir sous ce cruel empire,

Ingrat, cours-y chercher la mort;

Tu veux la preferer au plus aimable sort;

Mais ne m'abuse plus, en feignant ce martyre.

Ah! si tu n'étois pas heureux,

Tu briserois une si dure chaîne,

Pour reprendre tes premiers nœuds.

Helas! ma plainte est vaine,

Et mes regrets sont superflus,

Pâris vous ne m'écoutez plus?

PARIS.

Je dois laisser calmer votre colere;

Et vous me contraignez enfin à vous quitter.

ENONE.

Ne puis-je un moment t'arrêter?

Si j'ay sçu te deplaire,

En voulant peindre mon malheur,

Je cesse de m'en plaindre,

Et je cacheray ma douleur;

Non, tu ne dois plus craindre

L'effet de ma juste fureur.

Perfide, tu me fuis, un autre soin t'appelle;

Tu cours à la conquête immoler mon courroux;

Mais si tu veux luy faire un present digne d'elle,

Va luy porter ce cœur, dont les transports jaloux

Vont me reduire enfin à m'arracher la vie.

SCENE III.

MENELAS, ENONE.

ENONE.

Vous me voyez, Seigneur, dans l'affreux
desespoir,

Où me jette un ingrat qui ne me veut plus voir;

Helene a sa tendresse, elle me l'à ravie,

Et vous êtes trahy:

MENELAS.

Ce n'eft pas mon pouvoir,
Ny tout l'éclat du diadême,
Qui m'ont fait obtenir l'objet qui m'a charmé ;
Je dois à l'amour feul cette faveur extreme:
Les yeux d'Helene ont enflammé
Tous les Rois de la Grece ;
Ils l'ont laiffé maîtreffe,
De choifir un Epoux entre eux ;
Et lorfqu'elle me rend heureux,
Dois - je douter de fa tendreffe ?

ENONE.

Quand fon choix a comblé vos vœux,
Pâris cachoit encor fes feux,
Elle n'avoit point veû ce Prince trop aimable ;
S'il avoit été fous fes loix,
Lorfqu'elle a fait un choix,
Eût-elle été pour vous fi favorable ?

MENELAS.

Vous foupçonnez fans fondement

Le cœur de votre amant ;

Un excez de tendreffe

Caufe aujourd'huy votre tourment :

Pâris n'a pour Helene aucun empreffement ;

Marquez-luy moins votre foibleffe

Vous le verrez bientôt à vos genoux ,

Plus tendre & plus jaloux que vous.

ENONE.

Non, tandis que Pâris peut efperer Helene ,

Je ne puis voir finir ma peine ,

Occupé de l'hymen qui flatte votre efpoir,

Vous ne decouvrez pas que l'amour le plus tendre,

A déja fçu furprendre

Un cœur que vous croyez être en votre pouvoir ;

Et qu'il n'attend plus pour fe rendre,

Que le moment qu'un importun devoir

Voudra luy laiffer prendre.

MENELAS.

MENELAS.

Sans Helene jamais je ne puis vivre heureux ;

Mais si son cœur pour moy n'avoit plus de tendresse,

Loin d'achever l'himen qui doit combler mes vœux,

Je souffrirois ses nouveaux feux ,

Quand je devrois en mourir de tristesse ;

Et j'ay trop de delicatesse ,

Pour employer contre elle mon pouvoir ;

De son cœur seul mon bonheur doit dépendre,

C'est de l'amour que je le dois attendre,

Et non pas du devoir.

ENONE.

Qu'enten-je oh Ciel ! & quel sort deplorable

L'amour me prepare aujourd'huy ?

Quoy ? de tous les ingrats Pâris le plus coupable,

Voit chacun contre moy se declarer pour luy ?

Et sçait rendre à ses feux son rival favorable ?

Je reconnois Venus votre cruelle main ,

Menelas est trahy ; mais on l'offence envain,

La douceur qu'il fait voir quand Helene l'outrage,

Helas ! eſt votre ouvrage.

MENELAS.

Venus m'a protegé toujours,

Et c'eſt par ſon divin ſecours,

Que j'obtiens aujourd'huy la beauté qui m'enchante ;

Pour reconnoître une telle faveur ,

Et meriter tout le bonheur ,

Qu'une Divinité puiſſante

Peut donner à des nœuds qu'on celebre en ce jour,

Dans ſon Temple je viens offrir un ſacrifice ;

Je pretends l'engager à me rendre propice

L'himen , auſſi bien que l'amour.

ENONE.

Vous vous flattez envain d'un ſuccez favorable,

Vos vœux , Seigneur , ne feront pas reçûs,

Votre himen à Pâris paroiſt trop redoutable,

Pour ne pas irriter Venus.

MENELAS.

Des vœux qu'elle a formé ne peuvent luy deplaire;

Si pour vous raſſurer,

Elle vouloit ſe declarer,

Son oracle bientôt pouroit vous ſatisfaire.

ENONE & MENELAS enſemble.

Implorons, implorons ſa bonté,

Preſſons cette Divinité,

De s'expliquer ſur le deſtin d'Helene,

Elle finira notre peine,

MENELAS.

Déja chacun s'aſſemble dans ces lieux,

Rendons-y les reſpects que nous devons aux Dieux.

SCENE IV.

MENELAS, ENONE, LA GRANDE PRETRESSE DE VENUS, AUTRES PRETRESSES.

LA GRANDE PRETRESSE.

Reçois Venus ce ſacrifice,

Que nous t'offrons,

Pour te rendre propice

A l'himen que nous efperons.

CHOEUR DES PRETRESSES.

Reçois Venus ce facrifice

Que nous t'offrons,

Pour te rendre propice

A l'himen que nous efperons.

LA GRANDE PRETRESSE.

O Venus puiffante Déeffe?

O Mere des Amours?

E'coute les vœux que t'adreffe

Un Roy qui te doit la tendreffe

D'une beauté qu'il aimera toujours.

LE PETIT CHOEUR DES PRETRESSES.

O Venus puiffante Déeffe?

O Mere des Amours?

E'coute les vœux que t'adreffe

Un Roy qui te doit la tendreſſe
D'une beauté qu'il aimera toujours.

UNE DES PRETRESSES.

Par une heureuſe deſtinée ,
Amour comble ſes vœux ;
Que le flambeau de l'himenée,
S'uniſſe en ce jour à tes feux ;
Que toujours Helene aimable,
Rende les feux de ſon Epoux conſtans ,
Et qu'un amour durable
Trompe enfin l'himen & le temps.

DEUX PRETRESSES.

Eſt-il rien de plus beau qu'Helene ;
Eſt-il d'Amant ſemblable à Menelas ?
Quels nœuds ont plus d'appas ?
Pouvez-vous couronner une plus belle chaîne ?

UNE PRETRESSE.

Himen, amour, que vous êtes charmans ?

Quand vous êtes d'accord enfemble;

Mais que deux cœurs ont de tourmens,

Lorfque l'himen feul les affemble.

LA GRANDE PRETRESSE.

Venus écoute icy la voix

Du plus puiffant de tous les Rois,

Qui te reverent dans la Grece.

CHOEUR DES PRETRESSES.

Venus écoute icy la voix

Du plus puiffant de tous les Rois,

Qui te reverent dans la Grece.

LA GRANDE PRETRESSE.

Daigne Venus luy faire voir,

Qu'à fon deftin tu t'intereffe;

Et que ce n'eft qu'à ton pouvoir,

Qu'il doit fon aimable Princeffe.

CHOEUR DES PRETRESSES.

Venus écoute icy la voix

Du plus puiffant de tous les Rois,

(47)

Qui te reverent dans la Grece.

LA GRANDE PRETRESSE.

Ces sons harmonieux

M'annoncent la presence

De la Déesse dans ces lieux:

E'coutez tous sa voix, & gardez le silence.

L'ORACLE DE VENUS.

L'objet qui charmoit tant de Rois,

Va leur causer une nouvelle peine;

Avant la fin du jour l'amour unit Helene,

Avec l'Amant dont son cœur a fait choix.

MENELAS.

Aprez cette assurance,

Quelle reconnoissance

Ne dois-je point aux justes Dieux?

Me pouvoient-ils donner un bien plus pretieux?

MENELAS & ENONE ensemble.

Aprez cette assurance,

Quelle reconnoissance

Ne dois-je point aux justes Dieux?

FIN DU SECOND ACTE.

ACTE TROISIE'ME.

Le Theatre represente le Palais de Menelas.

SCENE PREMIERE.

PARIS *seul.*

IE t'abandonne enfin mon cœur à la tristesse,

Il faut perir par ce mortel poison ;

Je ne t'écoute plus importune raison,

Je perds pour jamais ma Princesse.

Tout chante les plaisirs de l'heureux Menelas,

Dechiré par le bruit de ces cris d'allegresse ;

Je ne sçais où porter mes pas ?

Que faites - vous charmante Helene ?

Tandis que je me vois accablé de douleur,

Helas ! pensez - vous à ma peine ?

Et mouray - je avec la douceur

De vous sçavoir sensible à mon malheur ?

Venus

Venus Déeſſe impitoyable,

Dans l'état où je ſuis, ne puis-je te toucher ?

Ne dois-tu pas te reprocher

Un ſort ſi deplorable ?

SCENE II.

VENUS, PARIS.

VENUS.

PARIS vous avez peu de foy

Aux paroles d'une Déeſſe,

Vous vous laiſſez ſurprendre à la triſteſſe,

Et vous vous en prenez à moy ;

Accuſez-en votre foibleſſe,

Preſſez l'aimable objet qui cauſe votre amour,

Avant la fin du jour,

Vous ſentirez l'effet de ma promeſſe.

PARIS.

Déeſſe pardonnez à mes tranſports jaloux ;

Mais elle difparoît: Oh Ciel me quittez-vous!

La Princeffe en ces lieux s'avance,

M'eft-il encor permis d'avoir quelque efperance?

SCENE III.

PARIS, HELENE.

PARIS.

VOTRE himen va combler les vœux

D'un peuple qui vous aime;

Tout retentit icy de fon bonheur extreme,

Et je n'y vois que moy de malheureux.

HELENE.

Il eft des cœurs qui fçavent fe contraindre;

C'eft difficilement

Qu'on peut penetrer leur tourment,

Croyez-vous qu'ils foient moins à plaindre?

PARIS.

Ils ne font pas touchez, helas ! comme le mien;

Cache - t'on aifement le trouble de fon ame ?

Non non la raifon ne peut rien

Contre l'ardeur d'une fi vive flamme.

HELENE.

Malgré l'amour & fon pouvoir,

La loy de la raifon doit être enfin fuivie;

Elle coûte bien cher; aux dépens de fa vie,

On fatisfait fouvent un trop cruel devoir.

PARIS.

Quand le devoir nous peut conduire au defefpoir?

Pouvons-nous l'écouter fans crime?

Notre cœur n'eft pas fait pour être fa victime.

HELENE.

Ne cherchez point à le bannir d'un cœur,

Qui s'aperçoit déja de fa foibleffe:

Que dis-je? Oh Ciel ! quel mouvement me preffe

De decouvrir une fecrete ardeur ?

N'écoûtez point, Pâris, un aveu fi contraire?

(52)

Aux feux d'un Roy qui devient mon Epoux ;

L'amour a beau parler pour vous,

L'himen sçaura le contraindre à se taire.

PARIS.

Quoy vous m'aimez ? & ce n'est pas pour moy,

Ciel : que vous voulez vivre ?

Songez - vous au peril où cet aveu me livre ?

Mais vous voulez ma mort, Helene, helas : pourquoy

Ne pas attendre à me le dire ?

Un seul moment combloit votre desir ;

J'alois expirer du plaisir

De voir le feu que l'amour vous inspire.

HELENE.

Paris vous pensez à mourir,

Lorsque l'amour vous rend maître du cœur d'Helene.

PARIS.

Helas : finissez donc ma peine ?

J'ay des secours que je puis vous offrir,

Pour detourner ce cruel Hymenée,

Mes vaisseaux préparez avant la fin du jour,

Peuvent nous éloigner tous deux de cette Cour,

Et m'assurer de votre destinée.

HELENE.

Quoy fuir ainsi seule avec vous?

PARIS.

Vous suivrez votre Epoux;

Avant que de partir ma foy sera donnée

Aux yeux des immortels;

Et nous pourons aux pieds de leurs Autels,

Conclure un si doux himenée:

Vous ne m'écoutez pas?

HELENE.

Envain à mon secours

Trop impuissant devoir aujourd'huy je t'apelle,

Tu ne sçais qu'alumer toujours,

Dans un si foible cœur une guerre cruelle;

Tu te laisse enfin emporter par l'amour.

PARIS.

Quel bien m'accordez-vous, juſtes Dieux ! dans ce jour
Votre felicité ſuprême
Eſt - elle comparable à mon bonheur extreme ?
N'en ſoyez point jaloux,
C'eſt tout ce que Pâris doit demander de vous.

HELENE.

Si l'on me peut reprocher ma foibleſſe,
Dieux ! c'eſt à vous que l'on doit l'imputer ;
Vous deviez à Pâris donner moins de tendreſſe,
Ou me donner un cœur qui pût y reſiſter.

PARIS.

Ah ! penſez-vous à la douleur mortelle,
Que m'eût cauſé votre rigueur ?

HELENE.

Ah ! ſongez-vous à la peine cruelle
Que j'ay ſouffert, en cachant mon ardeur ?

PARIS & HELENE, ensemble.

L'amour veut bannir de notre ame,

Les soins & les tourmens,

Livrons - nous aux transports charmans,

Que nous inspire une si vive flame.

PARIS.

Belle Helene aimons - nous !

HELENE.

Aimons - nous ! qu'un plaisir si doux

Sans cesse nous enchante.

PARIS.

Notre bonheur ne depend que de vous.

HELENE.

Si vous brûlez toujours de cette ardeur charmante ?

PARIS.

Si vos feux sont constans !

HELENE.

Pâris :

PARIS.

Helene :

PARIS & HELENE, ensemble.

Ah! que de doux inftans
L'amour aujourd'huy nous prepare
Et qu'un bonheur fi rare
Nous doit rendre contens.

PARIS.

On vient, c'eft le Roy qui s'avance,
Je vais tout preparer pour notre Embarquement,
Au Temple de Venus j'attendray le moment
Que vous pourez remplir mon efperance.

SCENE IV.

SCENE IV.

PARIS, MENELAS, HELENE, ENONE, PEUPLES DE SPARTE.

MENELAS.

BELLE Princeſſe enfin

L'himen repond à mon impatience,

Il vient unir votre deſtin,

A celuy d'un Roy qui vous aime ;

Et qui ſe flatte d'être aimé.

Je touche le moment de mon bonheur extreme ;

Si votre cœur en peut être charmé,

Je n'auray plus de vœux à faire.

HELENE.

Seigneur, j'ay marqué par mon choix,

Que ces nœuds avoient ſçu me plaire ;

S'il ne m'eût été doux de vivre ſous vos loix,

Auriez-vous eu la preference

Entre tant de grands Rois ?

Non, ne differons plus, que le peuple commence

A celebrer un ſi grand jour ;

Au Temple de Venus ſeule je vais me rendre ;

C'eſt de ſes ſoins qu'enfin je dois attendre

Les biens que me promet l'amour.

MENELAS.

Je cede au zele qui vous preſſe ;

Mais ſongez qu'un Amant, trop aimable Princeſſe,

Attend icy votre retour.

CHOEUR DU PEUPLE.

La beauté de la Grece

Enfin a fait un choix,

Et Menelas le plus heureux des Rois,

Voit aujourd'huy triompher ſa tendreſſe.

UNE LACEDEMONIENE.

Himen, l'amour a-t'il jamais

Uni ſous ton Empire

Deux Amans plus parfaits ?

La tendreffe qu'il leur infpire,

Fera voir que tes nœuds

Ne peuvent affoiblir fes feux.

CHOEUR.

Himen, himen, doux himenée,

Prepare à ces Amans

La plus heureufe deftinée.

UN LACEDEMONIEN.

Que leurs empreffemens

Marquent fans ceffe une flamme fi belle,

Quelle enchante toujours leurs cœurs,

Et qu'elle ait pour eux les douceurs

D'une flamme nouvelle.

CHOEUR.

Amour, ce font tes feux

Qui nous rendent heureux.

UN LACEDEMONIEN.

Les Dieux eux-mêmes

Cheriffent tous tes traits

Ils s'ennuiroient de leur grandeur supreme,

Si tu ne les touchois jamais.

CHOEUR derriere le Theatre.

Oh douleur ! oh cruelle peine !

Helene, helas ! l'aimable Helene

N'est plus dans ce sejour.

ENONE.

Ciel !

MENELAS.

Dieux ! ah quelle horreur

Ces cris répandent dans. mon cœur !

ARCAS.

Vous nous voyez, Seigneur , accablez de tristesse ,

Le perfide Pâris enleve la Princesse :

Helene, helas ! se voit en son pouvoir,

Ses Vaisseaux preparez, sans qu'on l'ait pû sçavoir,

Sont partis de ce Port par un vent favorable.

ENONE.

C'eſt par ce dernier coup qu'enfin Venus m'accable.

MENELAS.

Pourſuivons l'ennemy, dont les funeſtes coups

Allument dans mon cœur une cruelle rage;

Allons punir qui nous outrage,

Les Dieux doivent être pour nous.

CHOEUR.

Allons punir qui nous outrage,

Les Dieux doivent être pour nous.

SCENE V. & derniere.

ENONE ſeule.

JE ſuis trahie, oh Ciel! & Pâris m'abandonne:

Je le perds pour jamais, il ne me veut plus voir;

Que vas-tu devenir, trop malheureuſe Enone?

Il ne te reſte plus que ton ſeul deſeſpoir.

C'eſt toy perfide Helene,

C'eſt toy qui m'arache le cœur;

Viens ſur ma vie achever ta fureur:

Mais Dieux! quelle cruelle peine?

Mes ſens ſont revoltez, un funeſte poiſon

Repandu dans mon ſang, obſcurcit ma raiſon.

Quelle effroyable voix m'apelle?

C'eſt vous affreuſe mort, c'eſt vous,

Dans l'état où je ſuis, votre ſecours m'eſt doux;

C'en eſt fait je deſcens dans la nuit éternelle:

Mais Ciel! Pâris ſe preſente à mes yeux,

Cruel que fais-tu dans ces lieux?

Viens-tu juſqu'aux Enfers pour braver ma colere?

Helas! il s'eſt deja puni de ſon forfait;

Barbare, ton trepas ne peut me ſatisfaire,

Veux tu me laiſſer le regret . . . .

Que dis-je, helas! Dieux! mon eſprit s'égare,

Et la vapeur qui s'en empare,

M'ôte l'ufage de mes fens.

Si tu voyois Pâris la douleur que je fens,

Peutêtre que ton ame en pouroit être émuë;

Non, tu ne peux quitter ton Helene de veuë,

Elle t'engage à des foins plus preffans;

Mais ne crois pas long temps joüir de ta conquefte,

Je tremble des malheurs que ta flamme t'aprête;

Bientôt les Grecs defolant tes Etats,

Te puniront de tous tes attentats;

Je vois le deftin deplorable

De la fuperbe Troye & d'un peuple fameux;

Ah! quel embrafement, & quel carnage affreux;

Grands Dieux! quelle nuit effroyable;

Ce font tes feux, Pâris, qui caufent tant d'horreur,

Et nous periffons tous par ta funefte ardeur.

F I N.